Konfekt, Gebäck
und
andere feine
Sachen

Rezepte

$\mathcal{K}$leine Kunstwerke

Mit Spritztüllen werden einfache Kuchen und Törtchen zu Kunstwerken mit außergewöhnlichem Genussfaktor. Das Prinzip: feine Cremes, süßer Eischnee, geschlagene Sahne oder kräftige Kuvertüre in die Spritztüte füllen und nach Belieben zwischen sechs verschiedenen Spritztüllen wählen. Verschönern Sie so mit feinen Kuvertürelinien zarte Pralinen oder einfache Törtchen mit einer üppigen Rosette aus feiner Buttercreme.

Auch in der herzhaften Küche überzeugen die kleinen Tüllen: würzige Butter oder cremige Aufstriche werden mit Hilfe der verschiedenen Tüllen erst richtig in Szene gesetzt.

Zu beachten ist, dass die hier verwendeten Tüllen kleiner als die klassischen Gebäcktüllen sind. Somit werden auch die fertigen Gebäcke kleiner.

Die Tüllenformen

Für feine Linien ist Tülle Nr. 1 ideal. Die Spritzmasse sollte für diese Tülle nicht zu zähflüssig sein, damit sie gut durch die kleine Öffnung der Tülle fließen kann. Gut eignen sich ein Zucker- oder Eiweißguss oder im Wasserbad erwärmte Kuvertüre. Damit kann man Plätzchen oder Pralinen verzieren, oder Schokoladenornamente herstellen. Dafür

beliebige Formen und Muster auf ein weißes Blatt Papier vorzeichnen, ein Blatt Pergament- oder Backpapier darüber legen und mit der Kuvertüre die Linien nachspritzen. Die Tülle Nr. 2 ist aufgrund ihrer breiteren Öffnung gut für gröbere Spritzmassen oder auch Teige geeignet. Ebenso die Tülle Nr. 3, mit der man Rosetten oder Wellen spritzen kann.

Feine Cremes oder Eischnee lassen sicht mit den Tüllen Nr. 4, 5 und 6 gut spritzen. Da die Tüllenöffnungen fein und schmal sind, sollte die Spritzmasse gut durchpüriert sein bzw. keinerlei Stückchen enthalten, die die Öffnungen verstopfen könnten.

Der Spritzbeutel

Zum leichten Befüllen des Spritzbeutels fasst man diesen im oberen Drittel und stülpt den überstehenden Rand über die Hand. Die Spritzmasse wird mit einem großen Löffel oder Teigspatel eingefüllt und leicht nach unten gedrückt. Dabei darauf achten, dass keine Luftlöcher im Beutel entstehen. Der gefüllte Beutel wird vorsichtig geschlossen – dafür den überstehenden Rand zusammendrehen. Zum Aufspritzen führt eine Hand die Spitze des Beutels, die andere Hand übt von oben leichten Druck aus, sodass die Spritzmasse gleichmäßig herausgedrückt wird.

So gelingt Baiser

Das in Deutschland als Baiser (franz. baiser; Kuss) bekannte Schaumgebäck wird international als Meringue bezeichnet. Seine typische trocken-spröde Konsistenz entsteht, indem es im Backofen mehr getrocknet als gebacken wird. Es besteht aus geschlagenem Eischnee und reichlich Zucker. Üblich ist ein Verhältnis von 50 g Zucker pro 1 Eiweiß. Für mehr Stabilität und Glanz fügt man etwas Speisestärke oder einige Spritzer Zitronensaft hinzu. Die Backofentemperatur sollte 100 °C nicht überschreiten, dann bleibt das Gebäck nach einer Trocknungszeit von ein bis zwei Stunden schön weiß bis blassgelb. Das Baiser ist fertig, wenn es beim Auseinanderbrechen keine Fäden mehr zieht. Bei einer kreidigen Konsistenz wurde zu viel Stärke zugefügt.

Drei Arten der Herstellung

Für die warm aufgeschlagene Baisermasse benötigt man ein Wasserbad. Das Eiweiß wird darin mit Zucker zu einer dicken Creme geschlagen. Das Wasser sollte dabei nicht wärmer als 50 °C sein, da die Masse sonst gerinnt.

Eine weitere Variante ist die gekochte Baisermasse, auch Italienische Meringue genannt. Das Eiweiß wird mit gekochtem Zuckersirup aufgeschlagen. Diese beiden Baisermassen sind sehr formstabil.

Für die einfache Baisermasse wird Eiweiß mit Puderzucker oder sehr feinem Zucker kalt aufgeschlagen. Dieses Herstellungsverfahren, das besonders luftige Baisermassen ergibt, wird für die Rezepte in diesem Buch verwendet.

Die einfache Baisermasse: Zubereitung und Verwendung

Die Eier sorgfältig vom Eidotter trennen und mit einer kleinen Prise Salz in einer großen Schüssel mit den Schlagbesen des Handrührgerätes bei kleiner Stufe langsam aufschlagen, sodass sich keine zu großen Luftblasen bilden. Dann auf höchste Stufe schalten und die Masse steif schlagen. Den Zucker bei stetigem Schlagen nach und nach zugegeben. So lange auf höchster Stufe weiter schlagen bis feste Spitzen stehen bleiben. Für ein gutes Gelingen sind gekühlte, frische Eier und fettfreie Arbeitsgeräte sehr wichtig. Die geschlagene Zucker-Eiweiß-Masse kann mit gemahlenem Ingwer, Zimt, Kaffeepulver, abgeriebener Zitronenschale (je etwa 1 TL je 1 Eiweiß) oder geschmolzener Schokolade (etwa 50 g je 1 Eiweiß) verfeinert werden.

Die frisch geschlagene Baisermasse sollte sofort weiter verarbeiten werden, da sie nach etwa 10 Minuten wieder zerfällt.
Baisers sind gebacken bei kühler und trockener Lagerung mehrere Wochen haltbar.

Zarter Mürbeteig

Mürbeteig ist einfach herzustellen und vielfältig verwendbar, z. B. für zarte Plätzchen oder als Basis für eine süße oder herzhafte Tarte. Mürbeteig wird – im Gegensatz zu Rühr- und Hefeteig – nicht zu einem elastischen Teig verarbeitet. Die Zutaten sollen nicht mit dem Mehl verquellen, sondern nur lose zusammenhaften, sie sollten daher gut gekühlt sein und nicht lange geknetet werden. So entsteht die typische zartknusprige Konsistenz von Mürbeteiggebäcken. Damit sich der zugefügte Zucker während der kurzen Verarbeitungszeit schnell auflöst, empfiehlt sich die Verwendung von Puderzucker oder besonders feinkörnigem Backzucker.

Zutaten und Zubereitung
Ein klassisches Mürbeteigrezept besteht aus einem Teil Zucker, zwei Teilen Fett und drei Teilen Mehl. Diesen Grundteig kann man variieren. Ersetzt man z. B. einen Teil des Mehls durch gemahlene Nüsse oder Speisestärke, wird der Teig geschmackvoller bzw. knuspriger. Spritzfähiger, weicher Mürbeteig enthält mehr Fett oder zusätzlich Eier.

Mürbeteig zum Ausrollen
Im Prinzip gibt es drei Herstellungsmethoden für Mürbeteig zum Ausrollen. Welche man bevorzugt ist Geschmackssache. Wichtig ist, den Teig nach dem Zusammenschieben nicht mehr zu kneten. Er wird sonst zäh.

Beim gehackten Teig werden alle Zutaten auf eine große Arbeitsplatte gehäuft und mit einem großen Messer so lange gehackt, bis kleine Krümel entstanden sind. Diese werden mit den Händen zu einem Teigballen zusammengedrückt (siehe Teigkugel in der Abbildung).

Eine weitere Variante ist der geriebene Teig, bei welchem mit den Fingern gut gekühlte Butter und Mehl zu Bröseln zerrieben wird. Enthält der Teig Ei, wird dieses verschlagen und darüber gegossen. Dann werden alle Zutaten mit einer Gabel vermischt und mit den Händen zu einer Kugel zusammen geschoben.

Am schnellsten und einfachsten geht die Zubereitung mit der Küchenmaschine oder dem Handrührgerät. Alle Zutaten werden in einer großen Rührschüssel mit den Knethaken rasch vermischt bis erbsengroße Krümel entstanden sind, die mit den Händen zu einer Kugel geformt werden.

Damit sich der Teig entspannen kann, wird er in Frischhaltefolie gewickelt und ½ bis 1 Stunde kühl gestellt. Zum Ausrollen drückt man die Teigkugel mit dem Handballen etwas flacher und rollt ihn – am besten zwischen zwei Lagen Frischhaltefolie – mit einem Nudelholz gleichmäßig dick aus.

Mürbeteig zum Spritzen

Spritzmürbeteig sollte ebenfalls möglichst zügig verarbeitet werden. Die Butter wird zunächst mit dem Zucker schaumig geschlagen und anschließend mit Ei und Mehl vermengt. Der entstandene weiche Teig wird ohne Kühlzeit sofort weiter verarbeitet. Zum Aufspritzen füllt man ihn portionsweise in einen Spritzbeutel und spritzt auf ein mit Backpapier ausgelegtes Backblech kleine Plätzchen (siehe Abb.). Diese werden dann ½ bis 1 Stunde kühl gestellt, damit das Gebäck beim Backen nicht zerfließt.

Brandteig – ein spezieller Teig

Obwohl dieser Teig aus den üblichen Grundzutaten besteht, ist er eine Besonderheit in der Backstube: Der Teig wird in einem ersten Zubereitungsschritt im Topf „abgebrannt" – worauf auch sein Name verweist. Bei diesem Vorgang verändert sich die Struktur des Mehles und es entsteht ein geschmeidiger, mürber Teig. Beim anschließenden Backen wird er durch den Wasserdampfdruck in der Teigmasse gelockert und erhält so seine typische luftige Struktur – wie zum Beispiel die bekannten Windbeutel. Auch Profiteroles, Eclairs und Spritzkuchen werden aus Brandteig hergestellt. Letztere werden in Frittierfett ausgebacken.

Abbrennen und Backen

In einen kleinen Stieltopf Wasser oder Milch – oder beides je zur Hälfte – mit Butter aufkochen. Dann den Topf vom Herd nehmen und das gesamte Mehl auf einmal in das heiße Butterwasser geben. Sofort mit einem Holzlöffel zu einem glatten Teigkloß rühren. Zum Abbrennen stellt man den Topf wieder auf den Herd und erhitzt die Masse unter ständigem Rühren bis sich ein weißes Häutchen am Topfboden bildet. Wird der Teig nicht lange genug abgebrannt, bleiben die Gebäckstücke beim späteren Backen klein und gehen nicht auf. Damit die Eier beim Zugeben nicht gerinnen, den Teigkloß in eine Rührschüssel geben und auf Zimmertemperatur oder max. 40 °C abkühlen lassen.

Die Eier einzeln aufschlagen und nacheinander – am besten mit den Knethaken eines Handrührgeräts auf höchster Stufe – unterarbeiten. Für eine optimale Teigkonsistenz vom letzten Ei nur so viel zugeben, bis der Teig stark glänzt und lange

Spitzen am Löffel hängen bleiben. Wird der Teig zu weich, zerfließt er beim Backen. Um einen guten Brandteig zu erhalten, ist es wichtig, alle Zutaten genau abzumessen.

Der fertige Teig wird in den Spritzbeutel gefüllt und in Form von kleinen Tupfen, Ringen oder Streifen auf ein mit Backpapier ausgelegtes Backblech gespritzt und im vorgeheizten Backofen (Mitte) bei 220 °C etwa 15 bis 20 Minuten gebacken. Während der ersten 15 Minuten Backzeit sollte die Backofentür nicht geöffnet werden, da der luftige Teig durch Zugluft leicht zusammenfällt. Soll das Gebäck knuspriger werden, kann die Backofentür in den letzten 5 Minuten mit einem Kochlöffel leicht offen gehalten werden. Nach dem Backen werden die Teilchen mit einer Schere halbiert oder ein Deckel abgeschnitten. Vor dem Füllen auf einem Kuchengitter vollständig auskühlen lassen.

Unverzichtbar: Feine Füllungen

Die ausgekühlten Brandteigteilchen können glasiert oder einfach mit Puderzucker bestäubt werden. Zum Füllen eignen sich Butter- oder Puddingcremes oder geschlagene Sahne. Auch frische Früchte oder Eiscreme sind eine tolle Ergänzung zum luftig-leichten Gebäck.

Pralinen selber machen

Pralinen können z. B. mit Marzipan, Nougat oder Nüssen gefüllt werden. Trüffel-Pralinen sind mit einer Ganache gefüllt.

Ganache: Herstellung und Verwendung

Bei dieser reichhaltigen Creme wird heiße Sahne mit gehackter Schokolade oder Kuvertüre glatt verrührt. Statt Sahne kann auch Butter verwendet werden. Diese wird zunächst cremig geschlagen und anschließend mit geschmolzener Schokolade zu einer stabilen Masse verrührt. Um die Ganache weiter zu verarbeiten, lässt man sie auf Zimmertemperatur abkühlen.

Das Zutatenverhältnis bestimmt die Konsistenz und somit die Verwendungsmöglichkeit der Ganache: Je höher der Schokoladenanteil, umso fester wird sie. In der Regel gilt ein Verhältnis Sahne zu Kuvertüre von 1:3 für schnittfeste Ganache, 1:2 für mittelfeste Ganache zum Aufspritzen und 1:1 für weiche Ganache zum Füllen von Hohlkörpern. Wird weiße oder Milchschokolade verwendet, benötigt man pro 100 Gramm Sahne zusätzlich 50 Gramm Schokolade.
Die Trüffelmasse kann auch aromatisiert werden. Hierfür eignen sich Fruchtaromen,

Liköre, Gewürze, Tee oder Kaffee. Letztere kocht man mit der Sahne auf und lässt die Mischung kurz ziehen. Anschließend die Sahne durch ein feines Sieb abgießen und weiter verarbeiten.

Pralinen richtig überziehen
Die fertige Ganache wird entweder nochmals aufgeschlagen oder bei Zimmertemperatur in Form kleiner Häufchen auf ein Tablett gespritzt und nach einer Ruhezeit mit weißer oder dunkler Kuvertüre überzogen. Dafür wird diese im Wasserbad geschmolzen und temperiert (vorkristallisiert). Dieser Vorgang ist wichtig, damit sich beim Abkühlen der Schokolade alle Bestandteile wieder gut verbinden. Erst dann erhält der Überzug eine schöne glänzende Oberfläche.

Schokolade temperieren
Schokolade kann mit der Tablier- oder der Impfmethode temperiert werden. Letztere Methode ist einfacher und eignet sich für Anfänger in der Pralinenherstellung. Dafür werden zwei Drittel der gehackten Schokolade bei 45 bis 50 °C im heißen Wasserbad (max. 60 °C) geschmolzen. Die Schüssel aus dem Wasserbad nehmen und die übrige Schokolade nach und nach zugeben. Glatt verrühren, bis alle Schokolade untergerührt und auf 31 bis 32 °C abgekühlt ist. Zum Prüfen taucht man einen Löffel in die geschmolzene Schokolade. Nach einer kurzen Abkühlzeit sollte die Schokolade mit einem seidigen Glanz und ohne graue Streifen erstarren. Andernfalls ist das Temperieren zu wiederholen.

Die vorgefertigten Ganachefüllungen werden nacheinander mit einer Pralinengabel vollständig in die flüssige Kuvertüre eingetaucht und zum Abtropfen auf ein Gitter gelegt. Die fertigen Pralinen können bis zu 14 Tage an einem kühlen, dunklen Ort bei 18 bis 20 °C aufbewahrt werden. Frisch schmecken sie jedoch am besten.

Fein und fruchtig –
Kleine Kuchen und Törtchen

Diese kleinen Kuchen und Törtchen sind echte Hingucker auf jeder Kaffeetafel. Sie überzeugen durch die liebevollen Verzierungen.

Allen voran die trendigen Cupcakes, deren saftiger Teig mit einem Häubchen aus feinster Creme geschmückt ist. Auch die Mini-Ausgabe der klassischen Erdbeertorte wird mit der luftig-süßen Baiserhaube zu einem besonderen Geschmackserlebnis. Ist gerade keine Erdbeerzeit, können tiefgefrorene Beeren oder andere reife, weiche Früchte verwendet werden.

Die klassische Lemon-Meringue darf nicht fehlen. Damit sie ganz schnell fertig ist, wird sie einfach mit Lemon Curd aus dem Glas gefüllt. Ihr knuspriger Teig passt wunderbar zur zitronigen Füllung und der luftigen Haube aus Baiser.

Zitronen-Meringue-Törtchen

6 Stück

30 Minuten zubereiten • 1 Stunde kühlen • 15–20 Minuten backen

Für den Teig
150 g Mehl • 1 Prise Salz
45 g Zucker • 1 TL Vanillezucker
100 g kalte Butter
1 Eigelb (Größe M)
6 EL Lemon Curd (aus dem Glas)

Für das Baiser
3 Eiweiß • 1 Prise Salz
120 g feiner Zucker
Fett für die Förmchen

6 Tortelettförmchen (à 10 cm ø)

Das Mehl in eine Schüssel sieben. Mit Salz, Zucker, Vanillezucker, Butter in Flöckchen und Eigelb mit den Knethaken des Handrührgerätes vermengen, bis die Masse krümelig wird. Mit den Händen zu einer Kugel formen und in Frischhaltefolie gewickelt mindestens 1 Stunde kühl stellen. Den Backofen auf 180 °C (Umluft 160 °C) vorheizen. Förmchen einfetten.

Den Teig in 6 Portionen teilen. Jede Portion auf einer wenig bemehlten Arbeitsfläche etwas größer als die Förmchen ausrollen. Teig in die gefetteten Förmchen legen und mit einer Gabel mehrmals einstechen. Im vorgeheizten Backofen (Mitte) etwa 15 bis 20 Minuten backen. Herausnehmen, kurz auskühlen lassen und die Teigböden vorsichtig aus den Formen stürzen. Je 1 EL Lemon Curd auf den Teigböden verteilen.

Die Eiweiße mit etwas Salz steif schlagen. Den Zucker unter ständigem Schlagen einrieseln lassen. Weiterschlagen, bis die Masse glänzt und Spitzen stehen bleiben. Baisermasse in den Spritzbeutel mit Tülle Nr. 5 füllen und große Tupfen auf die Törtchen spritzen. Im Backofen (Mitte) weitere 10 Minuten zart bräunen.

Aprikosentörtchen

20 Minuten zubereiten • 15–20 Minuten backen

Für den Teig
1 Pck. TK-Blätterteig
(6 Platten, 450 g)
6 reife Aprikosen
1 Pck. Vanillezucker

Für die Sahne
200 g kalte Sahne
100 g weiße Schokolade
Fett für die Form

1 Muffinblech (mit 12 Vertiefungen à 7,5 cm ø)

Die Blätterteigplatten nach Packungsanweisung auftauen. Backofen auf 200 °C (Umluft 180 °C) vorheizen. Die Aprikosen waschen, halbieren und entsteinen.

Die aufgetauten Blätterteigplatten zu Quadraten halbieren. Die Mulden des Muffinblechs gut einfetten und mit den Teigplatten auslegen. Je eine Aprikosenhälfte mit der Schnittfläche nach unten hineinsetzen und mit etwas Vanillezucker bestreuen.

Im vorgeheizten Ofen (Mitte) etwa 15 bis 20 Minuten goldgelb backen. Herausnehmen, kurz abkühlen lassen. Dann die Törtchen vorsichtig aus der Form lösen und auskühlen lassen.

Die Schokolade fein reiben. Die Sahne steif schlagen und die geriebene Schokolade unterheben. Die Schokosahne in den Spritzbeutel mit Tülle Nr. 4 füllen und die Törtchen mit kleinen Rosetten verzieren. Die übrige Sahne dazu servieren.

Beerenküchlein mit Frischkäsecreme

25 Minuten zubereiten • 15–20 Minuten backen

Für den Teig
60 g weiche Butter • 50 g Zucker
1 TL Vanillezucker
1 TL abgeriebene
  Zitronenschale
1 Ei (Große M) • 100 g Mehl
1 gestrichener TL Backpulver
1 Prise Salz • 3–4 EL Milch
250 g gemischte Beeren
  (z. B. Himbeeren, Blaubeeren)

Für die Creme
150 g Frischkäse
100 g Magerquark
2 TL Vanillezucker
Fett für die Förmchen

6 Tortelettförmchen (à 10 cm ø)

Backofen auf 180 °C (Umluft 160 °C) vorheizen. Tortelettförmchen einfetten.

Für den Teig Butter mit Zucker, Vanillezucker und Zitronenschale schaumig schlagen, bis der Zucker gelöst ist. Das Ei zugeben und etwa 1 Minuten weiterschlagen. Mehl sieben, mit Backpulver und Salz mischen und unterrühren. Die Milch esslöffelweise zugeben, bis der Teig schwer reißend vom Löffel fällt. Den Teig in die gefetteten Förmchen füllen.

Frische Beeren abspülen, trocken tupfen und von den Stielen zupfen. Beeren auf dem Teig verteilen. Die Beerenküchlein im vorgeheizten Backofen (Mitte) etwa 15 bis 20 Minuten backen. Herausnehmen und abkühlen lassen. Dann die Küchlein vorsichtig aus den Förmchen lösen.

Den Frischkäse mit Quark und Vanillezucker glatt rühren. Die Creme in einen Spritzbeutel mit Tülle Nr. 6 füllen und auf die Küchlein aufspritzen. Übrige Creme dazu servieren.

Erdbeertörtchen mit Baiserhaube

30 Minuten zubereiten • 15–20 Minuten backen

Für den Teig
60 g weiche Butter • 50 g Zucker
1 TL Vanillezucker
1 TL abgeriebene
  Zitronenschale
1 Ei (Größe M) • 100 g Mehl
1 gestrichener TL Backpulver
1 Prise Salz • 3–4 EL Milch
40 g Erdbeerkonfitüre
400 g Erdbeeren

Für das Baiser
4 Eiweiß (Größe M)
1 Prise Salz
100 g Zucker
50 g Puderzucker
Fett für die Förmchen

6 Tortelettförmchen (à 10 cm ø)

Den Backofen auf 180 °C (Umluft 160 °C) vorheizen. Die Tortelettförmchen einfetten. Erdbeeren je nach Größe halbieren.

Für den Teig Butter mit Zucker, Vanillezucker und Zitronenschale schaumig schlagen, bis der Zucker gelöst ist. Das Ei zugeben und schaumig aufschlagen. Mehl sieben, mit Backpulver und Salz mischen und unterrühren. Die Milch esslöffelweise zugeben, bis der Teig schwer reißend vom Löffel fällt.

Teig in die gefetteten Förmchen geben und im vorgeheizten Backofen (Mitte) etwa 15 bis 20 Minuten backen. Herausnehmen und abkühlen lassen. Den Backofen auf 200 °C stellen.

Die Konfitüre in einem kleinen Topf erhitzen, glatt rühren. Die Teigböden vorsichtig aus den Förmchen lösen und mit Konfitüre bestreichen. Die Erdbeeren dicht an dicht darauf setzen.

Die Eiweiße mit einer Prise Salz steif schlagen. Den Zucker nach und nach einrieseln lassen. So lange schlagen, bis eine matt glänzende Masse entstanden ist und Spitzen stehen bleiben. Puderzucker darauf sieben und unterheben.

Auf jedes Törtchen 1 gehäuften EL der Eischneemasse verteilen und glatt streichen. Die übrige Masse in einen Spritzbeutel mit Tülle Nr. 3 füllen und kleine Rosetten aufspritzen. Die Baisermasse 5 bis 7 Minuten im Backofen (Mitte) bei 200 °C bräunen.

Orangen-Nuss-Kuchen
mit Ingwersahne

35 Minuten zubereiten • 50–60 Minuten backen

Für den Teig
60 g weiche Butter • 50 g Zucker
1 TL Vanillezucker • 1 Ei
1 TL abgeriebene
  Zitronenschale
abgeriebene Schale von
  1 Bio-Orange
100 g Mehl
1 gestrichener TL Backpulver
50 g gemahlene Walnüsse
1 Prise Salz
2 – 3 EL Orangensaft
Fett für die Form

Für die Sahne
30 g frischer Ingwer
400 g Sahne

Mini-Kastenbackform (15 cm)

*F*ür die Sahne Ingwer in feine Scheiben schneiden. Sahne und Ingwerscheiben in einem kleinen Topf aufkochen. Dann abkühlen lassen, am besten über Nacht.

*B*ackofen auf 180 °C (Umluft 160 °C) vorheizen.

*F*ür den Teig Butter mit Zucker und Vanillezucker schaumig schlagen, bis der Zucker gelöst ist. Das Ei (Größe M) und die Zitronen- und Orangenschale zugeben und etwa 1 Minute weiterschlagen. Mehl sieben, mit Backpulver, Walnüssen und Salz mischen und unterrühren. Den Orangensaft esslöffelweise zugeben, bis der Teig schwer reißend vom Löffel fällt.

*F*orm einfetten und Teig einfüllen. Im vorgeheizten Backofen (Mitte) ca. 50 bis 60 Minuten backen. Herausnehmen und auf einem Kuchengitter auskühlen lassen. Dann vorsichtig aus der Form stürzen.

*D*ie abgekühlte Ingwersahne steif schlagen. Die Hälfte der Sahne auf den Kuchen streichen. Die übrige Sahne in den Spritz-beutel mit Tülle Nr. 3 füllen und kleine Rosetten auf die Sahne-haube spritzen.

Heidelbeercupcakes
mit Mascarponecreme

30 Minuten zubereiten • 25 Minuten backen

Für den Teig
125 g weiche Butter
120 g Zucker
½ Pck. Vanillezucker
2 Eier (Größe M) • 200 g Mehl
3 gestrichene TL Backpulver
1 Prise Salz
100 ml Milch
200 g Heidelbeeren
  (frisch oder TK)

Für die Creme
200 g Mascarpone
150 g Magerquark
1 Pck. Vanillezucker
Lebensmittelfarbe rot und
  blau (nach Belieben)

1 Muffinblech (mit 12 Vertiefungen à 7,5 cm ø)
12 Muffinpapierförmchen

Den Backofen auf 180 °C (Umluft 160 °C) vorheizen. Butter mit Zucker und Vanillezucker cremig rühren, bis der Zucker gelöst ist. Die Eier zugeben und schaumig aufschlagen. Das Mehl sieben, mit Backpulver und Salz mischen, unterrühren. Milch zugeben und zu einem glatten Teig verrühren. Frische Heidelbeeren abspülen und abtropfen lassen, trocknen und unter den Teig heben.

Die Papierförmchen in die Mulden setzen. Den Teig einfüllen. Die Cupcakes im vorgeheizten Backofen (Mitte) ca. 25 Minuten backen.

Die Form herausnehmen, kurz abkühlen lassen. Die Cakes aus den Mulden nehmen und auf einem Kuchengitter vollständig auskühlen lassen.

Für die Creme Mascarpone mit Quark und Vanillezucker glatt rühren. Nach Belieben rote und blaue Lebensmittelfarbe tropfenweise unterrühren, bis die gewünschte Färbung erreicht ist. Creme in einen Spritzbeutel mit Tülle Nr. 4 füllen und die Cakes damit verzieren. Übrige Creme dazu servieren.

Kokoscupcakes mit Baiser

25 Minuten zubereiten • 25 Minuten backen

Für den Teig
125 g weiche Butter
120 g Zucker
½ Pck. Vanillezucker
2 Eier (Größe M)
200 g Mehl • 2 TL Backpulver
75 g Kokosraspel
1 Prise Salz • 160 ml Milch

Für das Baiser
3 Eiweiß (Größe M)
1 Prise Salz
100 g feiner Zucker

1 Muffinblech (mit 12 Vertiefungen à 7,5 cm ø)
12 Muffinpapierförmchen

Den Backofen auf 180 °C (Umluft 160 °C) vorheizen. Butter mit Zucker und Vanillezucker cremig rühren, bis der Zucker gelöst ist. Die Eier zugeben und schaumig aufschlagen. Das Mehl sieben, mit Backpulver, Kokosraspeln und Salz mischen, unterrühren. Milch zugeben und zu einem glatten Teig verrühren. Bei Bedarf noch Milch zufügen.

Die Papierförmchen in die Mulden setzen. Den Teig einfüllen. Die Cupcakes im vorgeheizten Backofen (Mitte) ca. 25 Minuten backen. Herausnehmen, abkühlen lassen. Dann vorsichtig aus den Formen lösen und auf ein Backblech setzen.

Die Eiweiße mit Salz steif schlagen. Den Zucker unter ständigem Schlagen einrieseln lassen. Weiterschlagen, bis die Masse glänzt und Spitzen stehen bleiben. Baisermasse in den Spritzbeutel mit Tülle Nr. 5 füllen und kleine Tupfen auf die Cakes spritzen. Die Cakes im heißen Ofen (obere Schiene) weitere 10 Minuten backen, bis sich die Baiserspitzen braun färben.

Zitronencupcakes

20 Minuten zubereiten • 25 Minuten backen

Für den Teig
125 g weiche Butter
130 g Zucker
2 Eier (Größe M)
Saft und abgeriebene Schale
  von 2 Bio-Zitronen
200 g Mehl
2 TL Backpulver
1 Prise Salz
80 ml Milch

Für die Sahne
200 g kalte Sahne
½ Pck. Vanillezucker

1 Muffinblech (mit 12 Vertiefungen à 7,5 cm ø)
12 Muffinpapierförmchen

Den Backofen auf 180 °C (Umluft 160 °C) vorheizen. Butter mit
Zucker cremig rühren, bis der Zucker gelöst ist. Eier und Zitronenschale zugeben und schaumig aufschlagen. Das Mehl sieben und
mit Backpulver und Salz mischen und unterrühren. Milch und
50 ml Zitronensaft zufügen und zu einem glatten Teig verrühren.
Bei Bedarf noch Milch oder Saft zugeben.

Die Papierförmchen in die Mulden setzen. Den Teig einfüllen.
Die Cakes im vorgeheizten Backofen (Mitte) ca. 25 Minuten
backen. Herausnehmen, kurz abkühlen lassen. Die Cakes aus
den Mulden nehmen und auf einem Kuchengitter vollständig
auskühlen lassen.

Die Sahne mit Vanillezucker steif schlagen. Die Vanillesahne in
einen Spritzbeutel mit Tülle Nr. 5 füllen und kleine Türmchen auf
die Cakes spritzen. Übrige Creme dazu servieren.

Cremig und knusprig –
Gebäck und Baiser

Windbeutel, Eclairs und Profiteroles – diese drei luftigen Brandteiggebäcke kennt jeder. Hier kommen sie in der Mini-Version daher und sind mit bunten Zuckerstreuseln hübsch verziert der Hit auf jeder Geburttagsparty: die kleinen Teilchen landen einfach mit der Hand in den Mund.

Zart-knusprige Mürbteiggebäcke sind nicht nur zur Weihnachtszeit beliebt. Die feinen Plätzchen können ausgestochen oder gespritzt werden. Verziert man sie nach dem Backen mit einem farbigen Zitronenguss, werden sie zu einem hübschen Augenschmaus.

Und für alle, die einer Kombination aus cremig und süß nicht widerstehen können, sind die zarten Baiserteilchen gefüllt mit feiner Puddingcreme genau das Richtige. Im Sommer werden sie mit Eiscreme oder Sorbet gefüllt zu einer tollen Nachspeise.

Windbeutelchen

35 Minuten zubereiten • 20 Minuten backen

Für den Teig
125 ml Milch
40 g Butter
2 EL Zucker
1 Prise Salz
80 g Mehl
2 Eier (Größe M)

Für die Füllung
200 g kalte Sahne
45 g weiße Schokolade
Puderzucker zum Bestäuben
Zuckerherzen (nach Belieben)

Den Backofen auf 190 °C (Umluft 170 °C) vorheizen. Ein Backblech mit Backpapier auslegen.

Milch mit Butter, Zucker und Salz in einem kleinen Topf aufkochen. Den Topf vom Herd nehmen und das Mehl auf einmal in die heiße Flüssigkeit geben. Sofort mit einem Holzlöffel zu einem glatten Teig verrühren. Dann bei kleiner Temperatur etwa 1 Minute unter ständigem Rühren erhitzen, bis sich am Topfboden eine weiße Haut bildet.

Den Teig in eine Rührschüssel geben und kurz abkühlen lassen. Die Eier nacheinander mit den Knethaken des Handrührgeräts auf höchster Stufe unterrühren. Den Teig in einen Spritzbeutel mit Tülle Nr. 2 oder 4 füllen und in größeren Abständen walnussgroße Tupfen auf das Backblech spritzen. Im Backofen (Mitte) ca. 20 Minuten goldbraun backen. Die Backofentür in den ersten 15 Minuten nicht öffnen, da das Gebäck sonst zusammenfällt. Aus dem Ofen nehmen und von den Teilchen einen kleinen Deckel abschneiden, auf einem Kuchenrost auskühlen lassen.

ie Schokolade fein reiben. Die Sahne steif schlagen und die geriebene Schokolade unterheben. Die Masse in einen Spritzbeutel mit Tülle Nr. 5 oder 4 füllen. Auf die Unterhälften etwas Sahne aufspritzen und die Deckel wieder auflegen. Mit Puderzucker bestäuben. Nach Belieben mit Zuckerherzen verzieren.

Gefüllte Mini-Eclairs

35 Stück

35 Minuten zubereiten • 20 Minuten backen

Für den Teig	Für die Füllung
40 g Butter	10 g Schokoladenpuddingpulver
2 EL Zucker	125 ml Milch
1 Prise Salz	60 g weiche Butter
80 g Mehl	25 g Puderzucker
2 Eier (Größe M)	Puderzucker zum Bestäuben

Den Backofen auf 190 °C (Umluft 170 °C) vorheizen. Ein Backblech mit Backpapier auslegen.

Butter, Zucker und Salz mit 125 ml Wasser in einem kleinen Topf aufkochen. Den Topf vom Herd nehmen und das gesamte Mehl auf einmal in die heiße Flüssigkeit geben. Sofort mit einem Holzlöffel zu einem glatten Teig verrühren. Dann bei kleiner Temperatur etwa 1 Minute unter ständigem Rühren erhitzen, bis sich am Topfboden eine weiße Haut bildet.

Den Teig in eine Rührschüssel geben und kurz abkühlen lassen. Die Eier nacheinander mit den Knethaken des Handrührgeräts auf höchster Stufe unterrühren. Den Teig in einen Spritzbeutel mit Tülle Nr. 4 oder 5 füllen und in größeren Abständen etwa 4 cm lange Stangen auf das Backblech spritzen. Im Backofen (Mitte) ca. 20 Minuten goldbraun backen. Die Backofentür in den ersten 15 Minuten nicht öffnen, da das Gebäck sonst zusammenfällt. Aus dem Ofen nehmen, Teilchen halbieren und abkühlen lassen.

Für die Füllung das Puddingpulver mit der Milch nach Packungsanweisung zubereiten, bei Zimmertemperatur abkühlen lassen.
Butter mit Puderzucker schaumig schlagen und den abgekühlten
Pudding löffelweise unterschlagen, bis eine cremige Masse entstanden ist. In einen Spritzbeutel mit Tülle Nr. 3, 4 oder 5 füllen
und die Unterhälften der Eclairs damit füllen. Die Deckel obenauf
setzen. Mit Puderzucker bestäuben.

Mini-Profiteroles

40 Minuten zubereiten • 20 Minuten backen

Für den Teig
40 g Butter • 2 EL Zucker
1 Prise Salz • 80 g Mehl
2 Eier (Größe M)

Für die Sauce
30 g Zucker
150 g Zartbitterschokolade
3 TL Whiskey-Sahnelikör
  (z. B. Baileys)

Für die Füllung
200 g kalte Sahne • abgeriebene Schale von 1 Bio-Orange

Den Backofen auf 190 °C (Umluft 170 °C) vorheizen. Das Backblech mit Backpapier auslegen.

Butter, Zucker und Salz mit 125 ml Wasser in einem kleinen
Topf aufkochen. Den Topf vom Herd nehmen und das Mehl auf
einmal in die heiße Flüssigkeit geben. Sofort mit einem Holzlöffel
zu einem glatten Teig verrühren. Dann bei kleiner Temperatur
etwa 1 Minute unter ständigem Rühren erhitzen, bis sich am
Topfboden eine weiße Haut bildet.

Den Teig in eine Rührschüssel geben und kurz abkühlen lassen.
Die Eier nacheinander mit den Knethaken des Handrührgeräts
auf höchster Stufe unterrühren. Den Teig in einen Spritzbeutel
mit Tülle Nr. 5 füllen und in größeren Abständen walnussgroße
Kugeln auf das Backblech spritzen. Im Backofen (Mitte) etwa
20 Minuten goldbraun backen. Die Backofentür in den ersten
15 Minuten nicht öffnen, da das Gebäck sonst zusammenfällt.
Aus dem Ofen nehmen und abkühlen lassen.

Für die Füllung Orangenschale in die kalte Sahne einrühren und sehr steif schlagen. In einen Spritzbeutel mit Tülle Nr. 5 geben. Mit der Tüllenspitze ein Loch in die abgekühlten Bällchen drücken und die Orangensahne einfüllen.

Für die Sauce die Schokolade grob hacken und im Wasserbad schmelzen. Zucker in einem kleinen Topf mit 5 EL Wasser langsam zum Kochen bringen. Zuckerlösung über die geschmolzene Schokolade gießen. Likör zufügen und rühren, bis die Masse glatt und glänzend ist. Die gefüllten Profiteroles auf einem Teller übereinanderschichten und die warme Schokoladensauce darüber träufeln. Warm oder kalt servieren.

Bunte Butterplätzchen

45 Minuten zubereiten • 1 Stunde kühlen • 10 – 12 Minuten backen

Für den Teig
100 g kalte Butter
200 g Mehl
75 g Zucker
1 Prise Salz
1 Ei (Größe M)

Für das Dekor
200 g Puderzucker
4 EL Zitronensaft
Lebensmittelfarbe
   (nach Belieben)

verschiedene Ausstechformen
   (etwa 3 – 5 cm ø)

Die Butter in Stückchen schneiden und zusammen mit den restlichen Zutaten in eine Schüssel geben. Mit den Knethaken des Handrührgeräts vermengen, bis die Masse krümelig wird. Dann rasch mit den Händen zu einer Kugel formen und in Frischhaltefolie gewickelt 1 Stunde kalt stellen.

Den Backofen auf 180 °C (Umluft 160 °C) vorheizen. Ein Backblech mit Backpapier auslegen. Den Teig auf einer bemehlten Arbeitsfläche etwa 3 mm dick ausrollen. Plätzchen ausstechen und im Backofen (Mitte) etwa 10 bis 12 Minuten backen. Herausnehmen und die Plätzchen zusammen mit dem Backpapier vom Blech auf ein Kuchengitter ziehen, abkühlen lassen.

Puderzucker mit Zitronensaft und 1 bis 2 EL kaltem Wasser zu einem dickflüssigen Guss verrühren. Nach Belieben mit einigen Tropfen Lebensmittelfarbe färben. Mit einem Teil des Gusses die Plätzchen bestreichen. Die andere Hälfte in einen Spritzbeutel mit Tülle Nr. 1 füllen und die Plätzchen damit verzieren.

Limetten-Spritzgebäck

20 Minuten zubereiten • 30 Minuten kühlen • 10–12 Minuten backen

Für den Teig
175 g weiche Butter oder
  Margarine
100 g Puderzucker
1 Ei (Größe M)
250 g Mehl
abgeriebene Schale von
  2 Bio-Limetten
Puderzucker zum Bestäuben

Den Backofen auf 180 °C (Umluft 160 °C) vorheizen. Ein Backblech mit Backpapier auslegen.

Die Butter mit dem Puderzucker schaumig schlagen. Das Ei hinzufügen. Mehl nach und nach darauf sieben und mit der Zitronenschale unterrühren. Den Teig in den Spritzbeutel mit Tülle Nr. 4 oder 6 füllen und nach Belieben verschiedene Plätzchenformen auf das Backblech spritzen. Das Blech für etwa 30 Minuten kalt stellen.

Im vorgeheizten Backofen (Mitte) ca. 10 bis 12 Minuten backen, bis sich die Ränder zart braun färben. Herausnehmen und die Plätzchen mit dem Backpapier vom Blech ziehen, abkühlen lassen. Dann mit Puderzucker bestäuben.

Schokobaiser mit Vanillecreme

35 Minuten zubereiten • 30 Minuten kühlen • 1 – 2 Stunden backen

Für das Baiser
2 Eiweiß (Größe L)
40 g Zucker
60 g Puderzucker
100 g Zartbitterschokolade

Für die Creme
250 ml Milch
1 EL Vanillezucker
½ Pck. Vanillepuddingpulver
125 g Butter

Den Backofen auf 90 °C (Umluft 70 °C) vorheizen. Ein Backblech mit Backpapier belegen.

Die Eiweiße langsam etwa 2 bis 3 Minuten anschlagen, dann auf mittlerer Stufe weiter schlagen, bis sich Spitzen bilden. Auf höchster Stufe den Zucker einrieseln lassen. Weiterschlagen, bis die Masse sehr steif ist. Den Puderzucker darauf sieben und mit einem Schneebesen unterheben.

Schokolade grob hacken und im Wasserbad schmelzen. Mit einem Holzlöffel unter die Baisermasse ziehen, dabei nur 1- bis 2-mal umrühren. Baisermasse in einen Spritzbeutel mit Tülle Nr. 3, 4 oder 5 füllen und kleine Rosetten oder Tupfen auf das Back-papier spritzen. Im Backofen (Mitte) ca. 1 bis 2 Stunden trocknen lassen. Die Baisers sind fertig, wenn sie beim Auseinanderbrechen keine Fäden mehr ziehen.

Für die Vanillecreme das Puddingpulver nach Packungsanlei-tung mit Milch und Vanillezucker zubereiten. Bei Zimmertempe-ratur unter gelegentlichem Rühren abkühlen lassen. Das Rühren verhindert die Hautbildung.

Butter mit den Schlagbesen des Handrührgeräts cremig aufschlagen. Den abgekühlten Pudding esslöffelweise unterschlagen,
bis eine glatte und glänzende Masse entstanden ist. Die Creme
für etwa 30 Minuten kalt stellen.

Die Creme in einen Spritzbeutel mit Tülle Nr. 3, 4 oder 5 füllen
und jeweils zwei Baisers mit einem großen Tupfen Vanillecreme
zusammensetzen.

Kaffeebaisers

Für ca. 25 Stück • 35 Minuten zubereiten • 2 – 3 Stunden backen

Für das Baiser
2 Eiweiß (Größe L)
60 g Zucker
40 g Puderzucker
1 EL Kaffeepulver

Für die Creme
200 g Vollmilchschokolade
100 g Sahne

Den Backofen auf 90 °C (Umluft 70 °C) vorheizen. Ein Backblech mit Backpapier belegen.

Die Eiweiße langsam etwa 2 bis 3 Minuten anschlagen, dann auf mittlerer Stufe weiterschlagen, bis sich Spitzen bilden. Auf höchster Stufe den Zucker einrieseln lassen. Weiterschlagen, bis die Masse sehr steif ist. Puderzucker und Kaffeepulver mischen. Auf das Baiser sieben und mit einem Schneebesen vorsichtig unterheben.

Die Masse in einen Spritzbeutel mit Tülle Nr. 4 füllen. Kleine Kränze (ca. 3 cm ø) auf das Backblech spritzen. Im vorgeheizten Backofen (Mitte) ca. 2 bis 3 Stunden trocknen lassen.

Für die Creme die Schokolade grob hacken. Die Sahne in einem kleinen Topf aufkochen, vom Herd nehmen. Die gehackte Schokolade nach und nach unter die Sahne rühren und darin schmelzen, abkühlen lassen. Die Masse cremig schlagen und in den Spritzbeutel mit Tülle Nr. 3, 4 oder 5 füllen. Je zwei Baisers mit etwas Schokocreme zusammensetzen.

Eiskonfekt mit Himbeerdip

30 Minuten zubereiten • 2 – 3 Stunden backen

Für das Baiser
2 Eiweiß (Größe L)
40 g Zucker • 60 g Puderzucker

Für die Füllung
60 ml Eiscreme oder Sorbet
  (z. B. Himbeere, Vanille)

Für den Dip
100 g Himbeeren
  (frisch oder TK)
100 g Sahne

Den Backofen auf 90 °C (Umluft 70 °C) vorheizen. Ein Backblech mit Backpapier belegen. Die Eiweiße langsam etwa 2 bis 3 Minuten anschlagen, dann auf mittlerer Stufe weiterschlagen, bis sich Spitzen bilden. Auf höchster Stufe den Zucker einrieseln lassen. Weiterschlagen, bis die Masse sehr steif ist. Den Puderzucker darauf sieben und mit einem Schneebesen unterheben.

Die Baisermasse in den Spritzbeutel mit Tülle Nr. 2, 3, 4, 5 oder 6 füllen und verschiedene Formen auf das Backblech spritzen (siehe Seite 7). Im vorgeheizten Backofen (Mitte) ca. 3 Stunden trocknen lassen. Die Baisers sind fertig, wenn sie beim Auseinanderbrechen keine Fäden mehr ziehen. Herausnehmen und auskühlen lassen.

Für den Dip Himbeeren fein pürieren und durch ein Sieb streichen. Die Sahne leicht aufschlagen und das Himbeerpüree unterrühren. Jeweils zwei gleiche Baiserteilchen mit etwas Eiscreme oder Sorbet zusammensetzen und mit der Sahne-Himbeer-Sauce zum Dippen servieren.

Schokoladig und süß –
Pralinen und Konfekt

Die kleinen Pralinen sind Verführung pur. Ob gefüllt mit fruchtiger Orangen- oder Himbeercreme, leichter Chilischärfe oder mit kräftigem Gewürzaroma – vereint mit zart schmelzender Schokolade kann ihnen keine Naschkatze widerstehen. Um sie vor Aromaverlust zu schützen, lagert man sie am besten in kleinen verschließbaren Dosen an einem kühlen Platz – jedoch nicht im Kühlschrank.

Damit die kleinen Kunstwerke auch gelingen, sind Fingerspitzengefühl, genaues Arbeiten und allerbeste Zutaten unabdingbar. Besonders an der Schokoladenqualität sollte nicht gespart werden. Je dunkler die Schokolade, umso höher der Kakaoanteil und umso kräftiger ihr Geschmack. Für die cremige Konsistenz sorgt die Kakaobutter, deren Schmelzpunkt unter der Körpertemperatur liegt – weshalb die Schokoladenstückchen auf der Zunge zerschmelzen.

Himbeerpralinen

1 Stunde zubereiten • 2 Stunden kühlen

100 g dunkle Kuvertüre
50 g Himbeeren
  (frisch oder TK)
125 g weiße Schokolade

10 g Sahne
300 g weiße Kuvertüre
bunte Zuckerkristalle
  (nach Belieben)

Ein großes Tablett mit Backpapier auslegen. Die dunkle Kuvertüre grob hacken, im Wasserbad schmelzen und temperieren (siehe Seite 12/13). Mit einem Teelöffel etwa 20 kleine Schokotropfen auf das Backpapier setzen. Das Tablett leicht auf den Tisch klopfen, sodass die Tropfen zu dünnen Talern von etwa 2 cm Durchmesser verlaufen. Die Taler bei Zimmertemperatur oder im Kühlschrank aushärten lassen.

Ein weiteres Tablett oder Backblech mit Backpapier auslegen. Frische Himbeeren abspülen, trocken tupfen und durch ein Sieb streichen. Die Schokolade fein hacken und in eine Schüssel geben. Himbeerpüree mit der Sahne in einem kleinen Topf bei kleiner Hitze 1 Minute aufkochen. Die heiße Himbeersahne über die gehackte Schokolade gießen und rühren, bis sich die Schokolade aufgelöst hat. Die Masse 1 Stunde bei Zimmertemperatur auskühlen lassen.

Die Himbeermasse mit den Schlagbesen des Handrührgerätes cremig aufschlagen. In einen Spritzbeutel mit Tülle Nr. 5 füllen und haselnussgroße Häufchen auf die Schokoladentaler spritzen. In den Kühlschrank stellen und 1 Stunde aushärten lassen.

$\mathcal{F}$ür den Überzug die weiße Kuvertüre grob hacken, im Wasserbad schmelzen und temperieren (siehe Seite 12/13). Die Rohlinge mit der Kuvertüre überziehen. Nach Belieben mit bunten Zuckerkristallen bestreuen.

Chilikonfekt

25 Minuten zubereiten • 12 Stunden kühlen

200 g dunkle Kuvertüre
50 g Sahne
1 Msp. Cayennepfeffer

20 Pralinenkapseln

Die Kuvertüre fein hacken. Die Sahne aufkochen und heiß über die gehackte Schokolade gießen. Cayennepfeffer zugeben und rühren, bis sich die Schokolade aufgelöst hat. Bei Zimmertemperatur abkühlen lassen, bis die Masse fester wird.

In einen Spritzbeutel mit Tülle Nr. 3 oder 4 füllen und kleine Rosetten in die Kapseln spritzen. Im Kühlschrank, am besten über Nacht, aushärten lassen.

Marzipanpralinen

45 Minuten zubereiten

40 g Walnüsse
200 g Marzipanrohmasse
20 ml Orangenlikör
200 g dunkle Kuvertüre
50 g weiße Kuvertüre

Die Walnüsse mit einem Messer fein hacken. Mit Marzipanrohmasse und Likör gut verkneten. Die Masse etwa 1 cm dick ausrollen und 2 x 3 cm große Stücke ausschneiden. Die Stückchen in den Handflächen zu kleinen Kugeln rollen.

Die dunkle Kuvertüre grob hacken, im Wasserbad schmelzen und temperieren (siehe Seite 12/13). Die Marzipanstücke mit der Kuvertüre überziehen und zum Abtropfen auf ein Gitter legen.

Die weiße Kuvertüre grob hacken, im Wasserbad schmelzen und temperieren (siehe Seite 12/13). In den Spritzbeutel mit Tülle Nr. 1 füllen und die Marzipanpralinen damit verzieren.

Weiße Orangentrüffel

45 Minuten zubereiten • 1 Stunde kühlen

125 g weiße Kuvertüre
50 g Sahne
30 g Orangenmarmelade
abgeriebene Schale von
 1 Bio-Orange
25 g Butter
300 g weiße Kuvertüre
200 g Puderzucker

Kuvertüre fein hacken. Sahne und Marmelade in einem kleinen Topf bei geringer Hitze kurz aufkochen, vom Herd nehmen und über die gehackte Schokolade gießen. Sofort rühren, bis sie geschmolzen ist. Bei Zimmertemperatur abkühlen lassen. Orangenschale und Butter zugeben und mit den Schlagbesen des Handrührgeräts zu einer matt glänzenden Trüffelmasse aufschlagen. 30 bis 40 Minuten im Kühlschrank aushärten lassen.

Ein Blech oder Tablett mit Backpapier belegen. Die Trüffelmasse mit einem Löffel kräftig durchrühren. Dann in einen Spritzbeutel mit Tülle Nr. 5 füllen und etwa 25 kleine Häufchen auf das Backpapier spritzen. Im Kühlschrank ungefähr 30 Minuten aushärten lassen.

Die weiße Kuvertüre grob hacken, im Wasserbad schmelzen und temperieren (siehe Seite 12/13). Die Rohlinge einzeln eintauchen und abtropfen lassen. Den Puderzucker in eine kleine Schale sieben. Die Trüffel vor dem Erstarren vorsichtig darin wälzen.

Kaffee-Kardamom-Konfekt

45 Minuten zubereiten • 12 Stunden kühlen

450 g dunkle Kuvertüre
50 g Sahne
1 TL Espressopulver
1 Msp. gemahlener
  Kardamom
Kakaopulver zum Bestäuben

Von der dunklen Kuvertüre 125 g fein hacken und in eine Schüssel geben. Sahne mit Espressopulver und Kardamom aufkochen, durch ein Sieb zur Kuvertüre gießen und rühren, bis sie geschmolzen ist. Bei Zimmertemperatur abkühlen lassen.

Ein Tablett oder Backblech mit Backpapier auslegen. Die zimmerwarme Masse in einen Spritzbeutel mit Tülle Nr. 4 oder 5 füllen und kleine Häufchen auf das Backpapier spritzen. Über Nacht im Kühlschrank ruhen lassen.

Für den Überzug die restliche Kuvertüre grob hacken, im Wasserbad schmelzen und temperieren (siehe Seite 12/13). Die Rohlinge eintauchen, überziehen und mit Kakaopulver bestäuben.

Herzhaft und würzig –
Brotaufstriche

Die feinen Brotaufstriche passen immer und überall: egal ob auf einem Partybuffet, zum Brunch oder auf dem abendlichen Esstisch. Einfach nach Belieben Gemüse oder Brot in mundgerechte Stücke oder dünne Scheiben schneiden und mit einem großen Tupfen würziger Creme verzieren.

Die Buttervariationen kann man in kleinen Portionen vorbereiten und in einem Schälchen mit Eiswürfeln servieren. Sie passen gut zu gegrilltem oder gebratenem Gemüse, Fisch oder Fleisch. Garniert man damit Brot- oder Baguettescheiben, sollten diese bald verzehrt werden.

Damit die fertigen Aufstriche auch mit den feinen Tüllen aufgespritzt werden können, müssen sie sorgfältig püriert werden.

Guacamole

20 Minuten zubereiten

¼ Bund frischer Koriander
2 Tomaten
2 reife Avocados
3 EL Limettensaft
Salz
Pfeffer

Koriander abspülen, Blättchen abzupfen und grob hacken. Tomaten waschen, entkernen und das Fruchtfleisch in kleine Würfel schneiden.

Avocados halbieren, Stein entfernen und das Fruchtfleisch mit einem Löffel aus der Schale lösen. Sofort mit dem Limettensaft beträufeln. Das Fruchtfleisch mit einer Gabel fein zerdrücken oder mit einem Mixer pürieren. Mit Pfeffer und Salz kräftig abschmecken.

Die Avocadomasse in den Spritzbeutel mit Tülle Nr. 3 oder 4 füllen und kleine Rosetten auf Servierlöffel oder in kleine Schälchen spritzen. Die gewürfelten Tomatenstückchen und den gehackten Koriander darüber streuen. Mit Brot oder Gemüsesticks servieren.

Hummus

25 Minuten zubereiten

1 Dose Kichererbsen (400 g)
1 Knoblauchzehe
3 – 4 EL Zitronensaft
2 EL Sesamöl
60 g Tahin (Sesammus aus
  dem Glas)
½ TL Kreuzkümmel
1 TL rosa Pfefferbeeren
Salz
Chilipulver
schwarzer Pfeffer

Die Kichererbsen in ein Sieb abgießen und abtropfen lassen. Knoblauch schälen und grob hacken.

Kichererbsen und Knoblauch mit 3 EL Zitronensaft, Sesamöl, Tahin und 3 EL Wasser kräftig pürieren, bis eine glatte Masse entstanden ist. Bei Bedarf noch etwas Flüssigkeit zugießen.

Kreuzkümmel und rosa Pfeffer in einem Mörser fein zermahlen. Den Hummus mit den gemahlenen Gewürzen, Salz und übrigem Zitronensaft kräftig abschmecken. In einen Spritzbeutel mit Tülle Nr. 4 füllen und kleine Rosetten auf Teller oder Brotscheiben spritzen. Mit etwas Chilipulver bestäuben und Pfeffer darüber mahlen.

Bohnencreme

30 Minuten zubereiten

1 Dose weiße Bohnen (400 g)	2 EL Olivenöl
50 g Pinienkerne	60 g weicher Schafskäse (Feta)
4 Zweige frischer Thymian	40 g Frischkäse
2 Schalotten	Salz, Pfeffer
1 Knoblauchzehe	Schwarzkümmelsamen

Bohnen in einem Sieb abgießen und abtropfen lassen. Flüssigkeit dabei auffangen. Pinienkerne in einer Pfanne ohne Fett rösten. Herausnehmen und abkühlen lassen. Thymian waschen, Blättchen abzupfen und hacken.

Schalotten und Knoblauch abziehen, fein würfeln. Das Olivenöl in der Pfanne erhitzen, Schalotten und Knoblauch darin glasig dünsten. Den gehackten Thymian zugeben und kurz mitdünsten. Vom Herd nehmen und mit abgetropften Bohnen, Pinienkernen, Thymianblättchen und 2 bis 3 EL Abtropfflüssigkeit in einem hohen Gefäß glatt pürieren. Bei Bedarf noch etwas Abtropfflüssigkeit zugeben.

Schafskäse fein reiben. Mit Frischkäse unter die Bohnencreme rühren. Mit Salz und Pfeffer kräftig abschmecken. Die Creme in den Spritzbeutel mit Tülle Nr. 4 füllen und kleine Rosetten auf Teller oder Brotscheiben spritzen. Mit Schwarzkümmelsamen bestreuen.

Käse-Nuss-Creme

15 Minuten zubereiten

25 g frisch gemahlene
  Haselnüsse
150 g junger Pecorino
70 g Joghurt
50 g Frischkäse
Salz
Pfeffer

Die gemahlenen Haselnüsse in einer Pfanne ohne Fett rösten.
Vom Herd nehmen und abkühlen lassen. Den Käse fein reiben
und mit gerösteten Haselnüssen, Joghurt und Frischkäse gut verrühren. Mit Salz und Pfeffer kräftig abschmecken.

Die Käse-Nuss-Creme in einen Spritzbeutel mit Tülle Nr. 4
füllen und kleine Portionen auf Teller oder Brotscheiben spritzen.

Oliven-Tomaten-Butter

20 Minuten zubereiten

75 g weiche Butter
50 g Frischkäse
3 Zweige frischer Thymian
50 g grüne entsteinte Oliven
1 – 2 TL Tomatenmark
½ TL edelsüßes
  Paprikapulver
Salz
schwarzer Pfeffer

Butter mit Frischkäse cremig verrühren. Thymian abspülen, trocken tupfen und Blättchen abzupfen, fein hacken.

Die Oliven mit einem Mixer pürieren. Mit gehacktem Thymian, Tomatenmark und Paprikapulver zur Butter-Frischkäse-Creme geben. Alles gut verrühren und mit Salz abschmecken.

Die Masse in den Spritzbeutel mit Tülle Nr. 3 oder 4 füllen und kleine Portionen auf eine mit Frischhaltefolie ausgelegte Platte spritzen. Bis zum Verzehr kühl stellen. Passt gut zu frischem Brot oder gegrilltem Gemüse. Nach Belieben mit grobem Salz und frisch gemahlenem Pfeffer bestreuen.

Mandel-Sardellen-Butter

20 Minuten zubereiten

¼ Bund Petersilie
5 Sardellenfilets in Öl
  (aus dem Glas)
125 g weiche Butter
40 g geschälte
  gemahlene Mandeln
3 TL mittelscharfer Senf
Saft und abgeriebene Schale
  von ½ Bio-Zitrone
Salz
schwarzer Pfeffer

Petersilie abspülen, Blättchen abzupfen und fein hacken. Sardellen abtropfen lassen und mit etwas weicher Butter fein zerdrücken. Übrige Butter zugeben und mit gemahlenen Mandeln, Senf, Zitronenschale und gehackter Petersilie verrühren. Mit Salz, Pfeffer und Zitronensaft abschmecken.

Die Buttermasse in den Spritzbeutel mit Tülle Nr. 3 oder 4 füllen und kleine Portionen auf eine mit Frischhaltefolie ausgelegte Platte spritzen. Bis zum Verzehr kühl stellen. Nach Belieben mit grobem Salz und frisch gemahlenem Pfeffer bestreuen. Passt gut zu italienischem oder französischem Weißbrot.

Asiabutter

25 Minuten zubereiten

125 g weiche Butter
je 5–6 Stängel frische Minze,
  Thai-Basilikum und Koriander
1 kleine rote Chilischote
1 cm frische Ingwerwurzel
Saft und abgeriebene Schale
  von 1 Bio-Limette
Salz

Butter cremig rühren. Kräuter abspülen, Blättchen abzupfen und fein hacken. Chili entkernen und fein hacken. Ingwer schälen und fein reiben.

Gehackte Kräuter, Chili und Ingwer zur Butter geben und mit Limettenschale gut verrühren. Mit Salz und Limettensaft kräftig würzen.

Die Buttermasse in den Spritzbeutel mit Tülle Nr. 3 oder 4 füllen und kleine Portionen auf eine mit Frischhaltefolie ausgelegte Platte spritzen. Bis zum Verzehr kühl stellen. Nach Belieben mit grobem Salz bestreuen. Passt gut zu gedünstetem Gemüse.

Zitronen-Kräuter-Butter

25 Minuten zubereiten

75 g weiche Butter
50 g Frischkäse
2 TL grüner Pfeffer
¼ Bund Zitronenmelisse
4 – 5 Stängel Minze
abgeriebene Schale
  von 1 Bio-Zitrone
Salz
schwarzer Pfeffer

Butter und Frischkäse cremig verrühren. Grünen Pfeffer im Mörser fein zermahlen. Kräuter abspülen, Blättchen abzupfen und fein hacken. Zur Butter-Frischkäse-Creme geben und mit Zitronenschale und grünem Pfeffer unterrühren. Mit Salz abschmecken.

Die Masse in den Spritzbeutel mit Tülle Nr. 3 oder 4 füllen und kleine Portionen auf eine mit Frischhaltefolie ausgelegte Platte spritzen. Bis zum Verzehr kühl stellen. Nach Belieben mit grobem Salz und frisch gemahlenem Pfeffer bestreuen. Passt gut zu gegrilltem Fisch oder Fleisch.

ISBN: 978-3-572-08000-7

© 2011 by Bassermann Inspiration, einem Unternehmen der
Verlagsgruppe Random House GmbH, 81673 München

Umschlag- und Boxgestaltung: Atelier Versen, Bad Aibling
Rezepte, Foodstyling und Fotos: Jacqueline Böttcher, München
Layout und Satz: aSH, agentur Sandra Haberkorn, Mundelsheim
Bildredaktion: Elisabeth Franz
Herstellung: Elke Cramer
Projektleitung: Anja Halveland

Reproduktion: Artilitho snc, Lavis (Trento)
Druck und Verarbeitung: Anpak Printing Ltd., Hongkong

Printed in China

MIX
Papier aus verantwor-
tungsvollen Quellen
FSC® C017997
www.fsc.org

Das für diesen Titel verwendete Papier ist FSC®-zertifiziert.

817 2635 4453 6271